NOTICE

SUR

LA VIE ET LES OUVRAGES

DE

M. ARSÈNE LEGRELLE

BRAINE-LE-COMTE
ZECH ET FILS, ÉDITEURS

1900

A. LEGRELLE

NOTICE

SUR

LA VIE ET LES OUVRAGES

DE

M. ARSÈNE LEGRELLE

BRAINE-LE-COMTE
ZECH ET FILS, ÉDITEURS
1900

NOTICE

sur la vie et les ouvrages

DE

M. ARSÈNE LEGRELLE.

Les quelques pages qu'on va lire ont pour objet, non de présenter une étude complète de l'œuvre de M. Legrelle, mais simplement de fournir les renseignements les plus indispensables sur sa vie, sur sa personne, sur ses travaux, et surtout d'expliquer comment s'est formé en lui l'historien. A ceux qui auront mis à profit ses recherches, elles apporteront quelques indications utiles : on apprécie mieux un ouvrage, lorsque, dans l'auteur, on est mis à même de découvrir l'homme. D'ailleurs, la vie de M. Legrelle, toute simple et volontairement cachée qu'elle ait été, a par elle-même un vif intérêt, si on ne s'arrête pas à la surface des choses. C'est celle d'un homme de jugement droit et de conscience profonde, qui a traversé un temps agité en regardant autour de lui, en s'instruisant sans cesse et en disant sincèrement ce qu'il pensait. Ses impressions et ses idées, qu'on les partage ou non, ont une valeur historique : car elles ont été, plus ou moins, celles d'un grand nombre des meilleurs parmi ses contemporains.

I

Arsène Legrelle naquit à Elbeuf le 21 juin 1834. La Normandie semble avoir le privilège de produire, plus qu'aucune autre de nos provinces, des esprits sains et fermes, vigoureux même, qui portent, soit dans la recherche, soit dans l'invention, une force native, toujours associée au goût de l'ordre. Rien de ce qui avoisine cette sage région n'a pu l'entamer, ni la rêverie bretonne, ni la grâce angevine, ni la causticité parisienne, ni la malice champenoise, ni la subtilité picarde. Elle reste en possession de son originalité, faite surtout d'un bon sens qui n'exclut ni l'enjouement ni parfois les hautes inspirations. Arsène Legrelle était bien de cette race. S'il fût né trois cents ans plus tôt, il n'aurait ressemblé à personne autant qu'à son compatriote Adrien Turnèbe, des Andelys, aussi savant qu'aimable et judicieux, et dont Montaigne a fait le charmant éloge que chacun connait (1).

L'empreinte de la famille ne semble pas avoir été moins profonde en lui que celle de la province. Il reçut certainement de son père, notaire à Elbeuf, cet instinct de droiture, cette délicatesse scrupuleuse, et aussi ce sérieux sans raideur qui devinrent les traits caractéristiques de sa physionomie morale. Il est bien probable qu'il lui dut aussi, à son insu peut-être, quelque chose de sa méthode de travail. Une étude de notaire, c'est, pour ainsi dire, un magasin d'histoire familière et précise, et c'est aussi une école où, en matière d'exactitude, de recherches, d'informations, un enfant bien doué peut prendre chaque jour d'excellentes leçons de choses. Bien qu'Arsène Legrelle ait été de bonne heure éloigné de la maison paternelle, il n'est pas douteux que ces vives impressions d'enfance, qui semblent souvent s'effacer à l'instant même où elles naissent, mais qui se réveillent plus tard, n'aient été fécondes en lui. Elles furent d'ailleurs renouvelées bien des fois dans sa jeunesse, à travers ces conversations entre père et fils où s'exercent tant de secrètes influences. C'est aussi dans la tradition domestique, ou, pour mieux dire, dans son berceau même, bien qu'il n'ait pas connu sa mère, qu'il trouva les convictions religieuses qui ne devaient jamais être déracinées de son âme. Elles ont eu trop d'importance dans sa vie morale et intellectuelle pour qu'il ne soit pas utile d'en marquer ici l'origine.

Après des études élémentaires, faites à Limésy (Seine-Inférieure) sous la direction d'un modeste instituteur de village, il fut envoyé, à l'âge de dix ans, au collège royal de Versailles. Il en suivit les cours, de 1844 à 1852, comme élève de la pension Membrée. En ce temps, la valeur des études classiques n'était encore ni discutée ni même mise en doute sérieusement. On en profitait d'autant plus qu'on y avait foi et qu'on s'y donnait sans réserve. Les huit années qu'Arsène

(1) Montaigne, *Essais*, l. I, c. 24.

Legrelle passa à Versailles furent celles où les qualités maîtresses de son esprit apparurent et prirent déjà leur caractère propre. Son étude préférée était l'histoire. Il y obtint des succès brillants : trois prix au concours général, en cinquième, en quatrième, en seconde. Mais l'histoire ne l'absorbait pas. Le goût d'apprendre, qui était si vif en lui, faisait qu'il s'intéressait à tout, aux sciences même aussi bien qu'aux lettres ; et sa facilité naturelle trouvait à se satisfaire dans des exercices scolaires alors très en honneur, tel que le vers latin. Il eut pour professeur de seconde M. Etienne, homme d'esprit et de goût, écrivain de talent, et pour professeur de rhétorique Hippolyte Rigault, qui se fit une célébrité un peu plus tard par sa brillante collaboration aux *Débats*. Les relations qu'il entretint longtemps avec eux attestent combien il avait su se faire apprécier de ces hommes de valeur.

En 1852, il quittait Versailles avec le diplôme de bachelier, et il venait achever ses études plus près des siens, à Rouen. C'est là qu'il fit sa philosophie, sous la direction de Caro, alors professeur d'enseignement secondaire, mais destiné aux honneurs de la Sorbonne et de l'Académie française. Si la doctrine qu'il enseignait, et qu'on enseignait partout en 1853, a vieilli, si elle semble aujourd'hui quelque peu étroite et superficielle, elle n'en avait pas moins alors une réelle action sur les meilleurs esprits. Elle posait les grands problèmes, elle en donnait des solutions simples, trop simples peut-être, mais séduisantes par là même. D'ailleurs, le maître était éloquent et sincère ; il avait de la chaleur, de l'accent, une dialectique brillante, une parole pleine de charme. L'élève fut ébloui et gagné. Non seulement il conçut pour son professeur une affection mêlée d'admiration, qui ne devait pas cesser avec leurs rapports quotidiens, mais, de plus, la philosophie qui lui avait été enseignée à Rouen semble bien être demeurée en somme, malgré le grand développement ultérieur de ses connaissances scientifiques, le fond de sa conception générale des choses. Elle offrait à ses croyances une confirmation rationnelle qui le satisfaisait ; et elle n'a pas peu contribué peut-être à donner à sa personnalité morale cette fermeté tranquille, dont on était tenté de s'étonner en un temps de fluctuations et d'incertitudes.

Dans une éducation bien composée, les vacances ont leur part, plus grande souvent qu'on ne serait tenté d'abord de le supposer. Tout enfant, Arsène Legrelle faisait de fréquents séjours à Fresquiennes, village de la Seine-Inférieure, chez son grand-père paternel, M. Grenet, conseiller de préfecture à Rouen. Lui seul aurait pu dire ce que fut pour lui, au point de vue moral, la douce influence de cet homme de bien, qui semblait vouloir, par sa tendresse, suppléer auprès de son petit-fils la mère enlevée prématurément. Mais, sans toucher à ces secrets intimes, il faut rappeler ici ce qu'il a dû, sous d'autres rapports, à cette petite maison de famille, perdue dans les bois, en pleine campagne, qui demeura pour lui, à travers l'enfance et la jeunesse, un séjour de prédilection. Il n'est pas douteux qu'il n'ait pris là le goût des promenades à pied, du grand air, par conséquent aussi la curiosité des choses de la nature, qui devait rester si vive en lui jusqu'à ses derniers jours. C'est l'étude, favorisée par les circonstances, qui a formé en lui l'historien ; mais le naturaliste existait déjà chez l'enfant ou l'adolescent, qui s'ébattait en liberté autour de cette maison tranquille, dans la prairie normande ou sous la futaie.

De 1853 à 1856, Arsène Legrelle fit son droit ; il le commença à Rouen, mais il l'acheva à Paris. Son père songeait pour lui soit à la magistrature, soit à la carrière administrative. Mais le jeune étudiant était probablement dès lors, comme il le fut certainement dans la suite, étranger à toute ambition. Il apprenait pour savoir, non pour parvenir : chose rare en tout temps, qui semblerait aujourd'hui paradoxale, pour ne pas dire scandaleuse. Tout en faisant son droit, il continuait ses études littéraires, dont il ne pouvait ni ne voulait se détacher. Licencié en droit en 1856, il conquérait avec honneur, en 1857, devant la Faculté des lettres de Douai, le grade de licencié-ès-lettres.

De 1856 à 1858, il fut un des membres assidus et actifs de la Conférence Molé et de la Conférence La Bruyère. Cette dernière, moins grave, plus jeune de toute façon, et où l'on s'occupait plutôt de philosophie, d'histoire et de littérature que de jurisprudence, semble l'avoir particulièrement attiré. Il prenait grande part aux discussions qui s'y agitaient, à propos des plus graves sujets, entre champions dont les plus âgés n'avaient guère dépassé vingt-cinq ans. Dans ces réunions se rencontraient des jeunes gens dont plusieurs devaient se faire un nom au barreau, dans la politique, ou dans les lettres. Arthur Desjardins, Larnac, Edouard Hervé en furent tour à tour présidents. Ce dernier, qui était entré à l'Ecole Normale en 1854 et qui en était sorti volontairement au bout de quelques mois par indépendance d'humeur, y faisait apprécier ses rares qualités de jugement. Arsène Legrelle avait déjà fait connaissance avec lui au concours général : en se retrouvant, ils se lièrent davantage ; ils avaient le même goût pour les études historiques, et, sur bien des points, leurs idées étaient semblables.

Cette période de libre et féconde préparation finit en 1858. La mort de M. Legrelle père, survenue inopinément après une courte maladie, rappela son fils dans son pays. Il eut peut-être un moment l'intention de s'y fixer ; car, en 1859, il se fit inscrire au barreau de Rouen, et y plaida même une fois. Mais ses goûts étaient ailleurs, et c'est justement à ce moment que commence dans sa vie une période de voyages, où devait se compléter son développement intellectuel.

Avant de le suivre dans ses explorations à travers l'Europe, il faut donner ici une mention à d'assez nombreux écrits de jeunesse, qui témoignent déjà de la variété de ses connaissances et de la facilité précoce de sa plume. Couronné par diverses Académies de province pour un *Eloge de Turnèbe* (1854), une *Notice sur Houdon* (1856), écrite en collaboration avec son ami d'enfance, M. Emile Délerot, un *Eloge de Berquin* (1857), une *Notice sur Bernard Palissy* (1858), il avait en outre obtenu en 1857 une récompense de l'Académie des sciences morales et politiques pour un travail relatif à l'*Influence de la littérature contemporaine sur les mœurs en France, considérée surtout au Théâtre et dans le Roman*. Dans le même temps, il collaborait activement à plusieurs journaux ou revues. Il était entré, dès 1857, à la *Revue de l'Instruction publique* sur la recommandation de Caro, et probablement aussi par suite de ses relations avec Edouard Hervé, qui en était un des rédacteurs les plus en vue ; il y avait commencé une série de comptes-rendus critiques qu'il devait continuer jusqu'en 1863. Ceux des premières années se rapportent à divers romans de Dickens qui paraissaient alors, à plusieurs œuvres des Goncourt, de Théodore de Banville, de Louis Bouilhet, à la critique d'art, aux cours de la Sorbonne, etc. Dans la *Revue contemporaine* et dans la *Revue européenne*, il analysait de même, en les appréciant, des livres qui avaient eu du succès auprès des lecteurs d'alors. On ne saurait demander à des comptes-rendus de ce genre une originalité très accusée, surtout quand ils sont l'œuvre d'un jeune écrivain de vingt-deux ou vingt-trois ans. Notons seulement, d'après ceux-ci, quelle était la variété des lectures de leur auteur, combien il se tenait curieusement au courant des choses de son temps, et n'oublions pas de dire non plus à quel point ils faisaient déjà honneur à la rectitude de son jugement.

II

Ce fut certainement le désir d'étendre en tous sens ses connaissances qui le poussa à voyager. Il n'était pas de ceux qu'une humeur inquiète et changeante chasse de chez eux et mène au hasard à travers le monde. Loin de là. Sa maison a toujours eu pour lui un charme profond. Mais il prenait un plaisir extrême à voir par lui-même tout ce qui méritait d'être vu, c'est-à-dire en somme à s'instruire. Et il devait profiter d'autant plus de ses voyages qu'il ne s'absorbait pas dans une curiosité unique. S'il aimait les bibliothèques et les archives. il se gardait bien de s'y confiner : il s'intéressait d'abord aux mœurs et à l'histoire des pays qu'il visitait, à leur aspect et à leur configuration, à leur langue, à leur littérature, à leur vie sociale et politique. Ses voyages ont été des voyages d'observation, au sens le plus large du mot.

Dès 1859, il avait passé trois mois à Londres. Revenu en août, il repartait en décembre de la même année, pour se rendre avec son ami, M. Délerot, dans la Saxe Grand-ducale. à Weimar. Il y resta tout l'hiver de 1859-1860. En 1861, il y revenait, et y séjournait, cette fois, sept ou huit mois. Nouveaux séjours en 1862, 1863, 1865. Une telle fidélité dénotait un véritable attachement. Elle s'expliquait en partie par l'étude très complète qu'il faisait alors des œuvres de Goethe. C'était probablement le désir de connaître le pays où le grand poète avait vécu et de recueillir sur place les souvenirs qu'il y avait laissés qui l'avait amené à Weimar. En y séjournant à plusieurs reprises, il se rendait familier, non seulement avec la langue de son auteur, mais avec son milieu et, pour ainsi dire, avec ses impressions de toute sorte. Il était vraiment plein de son sujet, lorsqu'il en tira, en 1863, la matière d'une thèse qui lui valut le titre de docteur de l'Université d'Iéna. Il y avait étudié l'*Iphigénie en Tauride* du poète de Weimar. Ce travail, remanié, prit, l'année suivante, la forme d'une thèse latine, qui fut présentée à la Faculté des Lettres de Paris, et il a été, plus tard encore, incorporé dans l'Introduction que M. Legrelle mit en tête de sa traduction en vers français de l'*Iphigenie* (1870). On y remarque bien vite combien l'auteur avait étudié de près la vie morale de son poète, combien il avait été préoccupé de faire l'histoire exacte de ses sentiments les plus intimes, et cela laisse deviner le plaisir qu'il avait dû avoir à séjourner aux lieux mêmes que ce grand homme avait habités. Mais il serait certainement exagéré de croire que M. Legrelle n'eut pas d'autres raisons de s'attacher à l'Allemagne. Pendant ses séjours en Saxe, il mit par écrit ses observations et ses impressions, et, plus tard, il réunit ces souvenirs en un volume intitulé *A travers la Saxe*, qui parut en 1866. C'est là qu'on peut se rendre pleinement compte du charme que la Saxe exerça sur lui. Il en aimait d'abord les aspects, les souvenirs historiques, l'activité passée et présente. Il avait parcouru en touriste toute la forêt de Thuringe, admiré la Wartbourg où chantèrent les Minnesinger et où Luther traduisit la Bible, il avait fréquenté les cours de l'Université d'Iéna, donné même un coup d'œil aux grands établissements industriels d'Apolda, puis il avait voulu connaître Leipzig et Dresde, enfin il avait exploré, aux confins de la Lusace, ces vallées de la « Suisse saxonne », qu'il a décrites, avec une admiration mêlée de quelque réserve, dans un chapitre spécial de son livre. Tout cela était bien fait pour l'intéresser et pour l'émouvoir. Mais ce qui avait sans doute contribué le plus à le gagner, c'était la simplicité cordiale des mœurs, la facilité des relations, l'attachement du peuple à ses traditions, son hospitalité, son goût pour la vie de famille, un mélange très particulier de sérieux et de libre gaieté, enfin ce je ne sais quoi de patriarcal, jusque dans le gouvernement, qui subsistait encore dans l'Allemagne morcelée d'avant 1870. M. Legrelle a certainement aimé la Saxe pour ses qualités morales autant ou plus que pour ses beautés naturelles, ou même que pour les souvenirs de Goethe et de Schiller ; et cela devait être en un temps où l'âme française pouvait encore se laisser aller librement à ses instincts de sympathie et de bienveillance.

Entre les voyages du même temps, il faut signaler celui qu'il fit en Danemark, en 1862, parce qu'il se rattache à son œuvre littéraire et peut servir à caractériser sa méthode de travail. Visant au doctorat-ès-lettres, il avait choisi pour sujet de thèse française le théâtre de Louis de Holberg, qui fut, au XVIIIe siècle, le représentant le plus remarquable du genre comique en Danemark. Cela impliquait pour lui l'obligation d'apprendre le danois et d'aller faire un séjour à Copenhague, puisque c'était là que Holberg avait vécu, enseigné comme professeur à l'Université, observé ses contemporains et composé ses pièces. Il s'y rendit en effet, lorsqu'il jugea qu'il était prêt à en tirer tout le profit désirable. Sa thèse, qui a pour titre *Holberg considéré comme imitateur de Molière*, fut achevée au retour et présentée à la Faculté des Lettres de Paris en 1864, avec la thèse latine dont nous avons parlé plus haut ; elle valut à son auteur le titre de docteur-ès-lettres.

C'était une étude fine et solide, dont l'objet principal était de démontrer, par l'analyse des principales œuvres du poète danois, la profonde influence que le génie et l'art de Molière avaient exercée tant sur la conception de ses personnages que sur la conduite de ses pièces. Le jeune docteur y avait traduit sur le texte un grand nombre de morceaux qui n'avaient pas encore été mis en français. D'ailleurs, il se montrait aussi familier avec les grandes littératures de l'Europe qu'avec la langue et la littérature du Danemark. Il prouvait, à chaque page, par de judicieux rapprochements, qu'il connaissait à fond Shakespeare, ainsi que ses prédécesseurs et ses successeurs en Angleterre, Calderon et les poètes de l'Espagne, Goldoni et les Italiens, Gottsched et Lessing et tout le théâtre de l'Allemagne. Bien peu sans doute, parmi les savants professeurs qui discutèrent ses conclusions étaient en état de suivre le candidat à travers tous les domaines littéraires qu'il s'était déjà appropriés.

Cette thèse semblait annoncer un futur professeur de littérature étrangère, qui eût fait certainement honneur à notre enseignement supérieur. M. Legrelle, en effet, songeait alors à se porter candidat à une chaire de Faculté ; et il garda longtemps cette intention, qui parait avoir été même, à un certain moment, bien arrêtée dans son esprit. Les événements politiques empêchèrent seuls qu'elle ne fut réalisée. Il ne faut pas le regretter pour lui, puisqu'il a pu ainsi conserver une liberté de travail sans laquelle les grands ouvrages de sa maturité eussent été impossibles. Mais il n'est pas douteux qu'il n'eût réussi dans l'enseignement public, où sa parole claire, facile, agréable dans sa simplicité de bon goût, aurait fait valoir une critique toujours judicieuse, un savoir varié et pourtant précis, un sentiment très vif et très libre de tout ce qui mérite d'être admiré.

Tout en préparant ses thèses, M. Legrelle avait continué sa collaboration aux revues citées plus haut. Nous ne pouvons énumérer ici les articles de lui qui mériteraient encore d'être relus. Citons, parmi les meilleurs, une *Description de Londres*, des *Esquisses anglaises*, une *Etude sur le réalisme*, en quatre articles, où se manifestait l'intérêt qu'il prenait à définir et à juger les tendances de la littérature contemporaine, enfin une série d'articles sur Goethe, qui parurent en 1862 dans la *Revue de l'Instruction publique*, à propos de la traduction de M. Porchat.

Nous ne ferons que mentionner les voyages répétés que M. Legrelle fit, de 1864 à 1876, en Angleterre, en Italie, en Espagne. Ses voyages d'Angleterre avaient pour objet principal Shakespeare, auquel il voulait alors consacrer une étude. Quant à l'Italie et à l'Espagne, non seulement il avait à cœur de les connaître pour elles-mêmes, mais il y était attiré aussi par son goût très vif pour les arts. Il fit, dans cette période, deux séjours en Espagne et cinq en Italie. Toutefois ce ne fut que plus tard que ces deux pays prirent, dans ses travaux d'historien, une importance de premier ordre. Après son doctorat, il était encore tout entier à la littérature, et sa curiosité, qui s'étendait avec ses connaissances, allait le mettre en relations avec le monde slave, où quelques rares savants seulement avaient pénétré jusque-là.

Ce fut en 1869 que M. Legrelle, âgé de trente-cinq ans, fit son premier voyage en Russie. Depuis lors, il y retourna quatre fois, en 1872, 1875, 1881 et 1884. Fidèle à sa méthode ordinaire, il avait voulu d'abord apprendre à fond la langue du peuple qu'il se proposait de connaître. Il l'étudia surtout de 1869 à 1872, sous la direction d'un Russe dont il allait prendre les leçons en Suisse, à Vevey. A ces leçons, il joignait des études personnelles, lectures, traductions, qui peu à peu le rendirent tout à fait maître de cette langue difficile. Le souvenir de ces trois premiers séjours en Russie a été fixé par lui dans un volume de notes intitulé *Le Volga*, qu'il publia en 1877. On l'y suit à Moscou, dont il décrit l'aspect pendant l'été, à Nijnii-Novgorode, dont il représente la foire célèbre dans des pages d'une vive et amusante précision, à Kazane, où il montre une université russe en action. Mais le centre de son livre, comme le titre l'indique, c'est le grand fleuve de la Russie, le Volga. Il en dépeint d'abord le cours supérieur, à Tvère, puis il nous fait voyager avec lui, à bord du *Miklacherskii*, de Kazane à Astrakhan, en nous ménageant un arrêt instructif à Saratove sur le bas Volga.

Si la Russie ne lui offrait pas les grands et glorieux souvenirs de la Saxe, s'il n'y trouvait pas la même intensité de vie intellectuelle, on sent néanmoins, en le lisant, qu'elle l'a vivement intéressé et qu'elle aussi s'est fait aimer de lui. Non seulement ses larges fleuves, ses plaines infinies, ses steppes, ses villes moitié byzantines, moitié asiatiques, frappaient son imagination et la séduisaient, mais il éprouvait en outre une véritable sympathie pour ce peuple jeune, un peu inculte encore, au moins dans ses couches inférieures, mais doux et puissant, profondément religieux, en qui s'agite obscurément tout un grand avenir mystérieux. En le visitant, M. Legrelle était attentif à ses manières de vivre, à ses usages, à ses institutions (1). Mais cela ne lui suffisait pas ; il voulait pénétrer jusqu'à ses sentiments ; et, après les avoir entrevus dans la réalité, il aimait à les suivre dans sa littérature. Pour les mieux étudier, il se fit à la fois traducteur et critique. De 1882 à 1888, il publia successivement, en traductions françaises, plusieurs pièces du théâtre russe : *Le tzar Borise*, du comte Tolstoï ; *Le malheur d'avoir de l'esprit*, comédie de Griboïèdove ; *L'Orage*, drame d'Ostrovskii ; *La Chicane*, comédie de Kapniste ; enfin une des œuvres dramatiques de l'impératrice Catherine II, *O temps*. En outre, en 1885, il avait également traduit et publié le *Voyage en France* de Karamsine, l'historien russe, qui fut témoin, comme on le sait, des premiers mouvements de notre révolution, de 1789 à 1790. Toutes ces traductions ont été louées pour leur exactitude par les juges les plus compétents ; elles se font apprécier du lecteur profane pour leur agrément. Elles sont en outre précédées d'études historiques et littéraires sur les auteurs traduits. Pour composer ces introductions, M. Legrelle avait consulté divers savants et littérateurs russes, et il a pu ainsi utiliser plus d'une fois des renseignements inédits, ajoutant par là au mérite littéraire de ses études un intérêt imprévu de nouveauté.

Depuis ces diverses publications, la Russie s'est ouverte pour nous. De nombreux écrivains l'ont étudiée et nous l'ont fait connaître sous tous ses aspects. Sa littérature en particulier, surtout sa littérature romanesque, est devenue presque populaire en France. Il ne faut pas oublier que ce mouvement date seulement d'hier. M. Legrelle a été un des précurseurs qui l'ont préparé ; et, entre tous ceux qui y ont pris part, il reste un des témoins les mieux informés, un des plus agréables à consulter, et un des plus dignes de confiance.

(1) Il étudia même la juridiction des juges de paix en Russie et fit paraître sur ce sujet un article dans le *Bulletin de la Société de législation comparée* (Juin 1878).

III

Nous avons suivi M. Legrelle dans ses principaux voyages, sans en interrompre la série. Mais, en réalité, quand il publiait le *Volga*, il y avait déjà plusieurs années qu'il avait pris conscience de sa vocation d'historien. Il nous faut maintenant revenir en arrière pour dire comment elle s'était dégagée.

Dès le collège, nous l'avons remarqué, il avait eu le goût de l'histoire. Il serait aisé de suivre la trace du même goût dans toutes les œuvres de la première partie de sa vie. Il aimait en tout l'information exacte, qui aboutissait pour lui à une représentation animée du jeu des sentiments et des volontés. On voit se manifester d'une manière intéressante cette disposition dans les scènes d'histoire romaine dialoguées qu'il publia en 1868 sous le titre de *Trajan*. Ce n'était pas un drame à proprement parler : il y manquait la force d'une action entrainante, le mouvement, l'instinct même du théâtre; c'était une mise en scène ingénieuse d'une époque de crise, un curieux essai de restitution et de discussion des sentiments contradictoires qui s'agitaient dans les âmes au déclin du monde antique. Dans le même genre, il faut également mentionner ici une autre composition, qui ne parut pourtant que vingt-six ans plus tard, en 1894, *Le siège de Corbie*, drame en vers, qui nous fait assister à un épisode célèbre du règne de Louis XIII et du ministère de Richelieu. M. Legrelle maniait avec facilité le vers français, mais il lui donnait plutôt l'allure courante du récit que les qualités de force et d'éclat, qui sont nécessaires au drame. Ce qu'il faut donc relever surtout, dans cette seconde œuvre comme dans la première, c'est une tendance constante à chercher, derrière les événements, sinon les passions des hommes, que les grands poètes seuls réussissent à créer de nouveau, du moins leurs sentiments ordinaires, leurs raisons d'agir, avouées ou non, en un mot la variété de leur vie morale. Et cette tendance, il importe de ne pas la perdre de vue pour apprécier l'œuvre historique de M. Legrelle.

Il aborda l'histoire à travers la polémique. Les douloureux événements de 1870 l'avaient profondément ému et même bouleversé. Les violences de la Commune de Paris, d'une part, et l'affirmation brutale du droit du plus fort par la Prusse victorieuse, d'autre part, excitèrent en lui une véritable révolte. Il ne s'en tint pas à la douleur ni à l'indignation muettes. Les réflexions se pressaient d'elles-mêmes, sous le coup des événements, dans son esprit habitué depuis longtemps à observer et à déduire. Il lui sembla que ces réflexions pouvaient être utiles à son pays : il n'hésita pas à les publier.

La petite brochure intitulée *Qu'est Paris en France?* parut le 15 mai 1871, au moment même où la France reconquérait sa capitale sur l'insurrection. C'était une sorte de manifeste, attribué par son auteur dans une intention significative à Jacques Bonhomme. Evidemment, M. Legrelle, tout en s'appuyant sur l'histoire, y faisait avant tout œuvre de polémiste. Le sentiment des dangers et des fautes dont il était le témoin attristé s'imposait à lui au point de le convaincre que Paris ne pouvait plus redevenir le siège du gouvernement. De telles questions, il faut le reconnaître, ne peuvent être résolues en plein orage ; et quand l'orage est passé, c'est la force des choses qui les résoud, bien plus que le raisonnement. Mais en tout cas, ces pages sincères et patriotiques sont un témoignage, à coup sûr instructif, des préoccupations douloureuses qui assiégeaient alors beaucoup d'esprits.

En même temps que M. Legrelle condamnait le Paris de la Commune, il élevait contre la Prusse d'éloquentes revendications. Lui qui avait aimé l'Allemagne pacifique et laborieuse, il en voulait plus que personne à ce lourd et violent caporalisme brandebourgeois qui la transformait en une nation oppressive. Et ce qu'il lui reprochait le plus, c'était le mensonge politique par lequel ses hommes d'Etat et ses historiens s'accordaient à nous représenter comme des ennemis de tout temps et des agresseurs de la veille. Ce fut pour venger notre pays d'une imputation calomnieuse qu'il écrivit *La France et la Prusse devant l'histoire*. Publié dès 1871 en une brochure de quatre-vingts pages, cet ouvrage, réédité et remanié d'année en année, était devenu en 1874, dans la quatrième édition, un important volume de près de sept cents pages, auquel s'ajoutait, en 1875, un second volume, qui, augmenté à son tour, en compte, dans l'édition définitive de 1880, près d'un millier. C'est la première grande œuvre historique de M. Legrelle.

S'il fallait en définir rigoureusement le genre, on pourrait dire toutefois qu'elle est encore un plaidoyer historique plutôt qu'une histoire au sens propre du mot. Et sans doute ceci implique une réserve qu'il est bon d'énoncer pour mieux définir l'ouvrage. Soutenir une thèse, même juste, à l'aide d'un exposé de faits et d'une discussion, c'est faire de l'histoire un moyen plutôt qu'une fin. Assurément, une telle œuvre peut, dans certains cas, être légitime, nécessaire même, d'ailleurs éloquente ; mais elle aura toujours, comme tout plaidoyer, quelque chose de trop actuel, et par conséquent de passager, par où elle sera inférieure aux œuvres de science pure, qui se préoccupent uniquement d'établir les faits et de les expliquer. Cette réserve est surtout faite ici pour mettre ce premier écrit historique de M. Legrelle à son véritable rang dans l'ensemble de son œuvre, en laissant pressentir déjà par quel progrès il est devenu de plus en plus historien. Elle n'ôte rien au livre de sa valeur propre.

Dans le premier volume, l'auteur veut démontrer que, de tout temps, et sauf de rares exceptions, la politique française à l'égard de l'Allemagne a été modérée, exempte d'ambition, loyale, tandis que celle de l'Allemagne et en particulier de la Prusse à l'égard de la France a toujours, ou presque toujours, été marquée de caractères tout opposés. Il suit cette démonstration à travers toute l'histoire, et il la conduit jusqu'à la guerre de 1870, dont il étudie en détail les origines. En les étudiant, il prouve qu'elle a été voulue par la Prusse, préparée savamment et perfidement par elle, et qu'elle est en somme l'œuvre d'une politique à longue échéance, aussi habile que dénuée de scrupules. Cette démonstration, M. Legrelle n'aurait pas eu de peine à la rendre plus décisive encore, si son volume eût paru quelques années plus tard : des aveux célèbres sont venus la confirmer avec éclat. Telle qu'il l'a faite, elle est remarquable par l'abondance et la valeur des informations, par l'ampleur et la fermeté de la dialectique, par le sentiment élevé dont elle s'inspire. Répondant aux systèmes des historiens allemands, l'auteur s'efforce de ne pas imiter leur parti pris. Il veut être juste envers ceux même qu'il combat, et il semble bien qu'il l'ait été presque toujours.

Le second volume, qui ne parut que quatre ans plus tard, en 1875, bien qu'inspiré par la même pensée, est pourtant assez différent du premier. L'Allemagne était alors en pleine période de succès. La France, d'autre part, se relevait avec peine ; elle souffrait cruellement de ses divisions ; en 1875 même, elle put paraître menacée d'une nouvelle invasion, qui eût abouti pour elle à un démembrement. Il n'est pas étonnant que, dans ces années de tristesse et d'inquiétude, les vues de M. Legrelle sur l'avenir ne fussent devenues de plus en plus sombres. Son livre est animé d'un pessimisme dont, aujourd'hui encore, un lecteur sincère se sent troublé. « A nos yeux, disait-il, à l'heure qu'il est, le pessimisme est le premier devoir et comme la forme nécessaire du patriotisme français » (Avant-propos, p. IX). Les quatre chapitres dont ce livre se compose sont comme les quatre parties d'un acte d'accusation terrible contre nos vainqueurs et d'un avertissement ému à notre adresse. L'auteur y revendique d'abord le droit des gens, violé sous toutes ses formes par la Prusse pendant la guerre. Puis, passant des choses de la veille à celles du jour et du lendemain, il découvre et fait sentir le mal que l'Allemagne s'est fait à elle-même : l'autonomie de ses Etats diminuée, les libertés publiques restreintes, le développement du militarisme ; l'oppression des consciences, la décadence intellectuelle, l'aggravation de la misère, les progrès du socialisme, la démoralisation croissante ; et, comme conséquence possible dans l'avenir, l'épuisement des forces nationales. Conséquence possible, peut-être probable, mais lointaine. Pour le moment, le fait qui frappe l'historien, c'est l'expansion formidable de la race germanique en dehors. Et il montre les Allemands débordant sur tous les pays, voisins ou éloignés, s'infiltrant partout par l'immigration, par le commerce, par la politique, s'acheminant sans interruption à une véritable conquête du monde, auquel ils n'apporteront d'ailleurs, suivant lui, qu'une recrudescence de haines et d'égoïsme. Les arrêter, c'est ce que la France, selon l'auteur, était désormais incapable de faire. Et, pour le démontrer, il n'avait qu'à exposer dans un dernier chapitre — le plus douloureux de tous — comment la Prusse, depuis sa victoire, avait tout fait pour fomenter nos divisions, pour nous éloigner de nos traditions, pour aggraver les maux intérieurs dont nous souffrions. Le livre se terminait sur l'expression d'un dernier et bien faible espoir, qui était que notre pays, par une réforme morale opérée sur lui-même, réussît à prévenir les conséquences extrêmes auxquelles l'avènement d'une démocratie mal éclairée semblait devoir l'entraîner.

Ce serait sortir du cadre d'une simple notice biographique que d'essayer de faire dans ces jugements la part des inquiétudes exagérées et celle de la vérité durable. D'ailleurs, rien ne serait plus téméraire. M. Legrelle écrivait dans l'Avant-propos du second volume : « Le motif décisif qui prescrit à l'historien de s'arrêter au seuil des questions contemporaines, c'est que ces questions n'ont point encore le degré de maturité nécessaire pour entrer dans ce domaine des faits accomplis qui est proprement le domaine de l'histoire ». Et plus loin : « Cet éboulement de phénomènes sans cesse inachevés et sans cesse renaissant d'eux-mêmes crée un embarras presque insurmontable à la philosophie de l'histoire, dès qu'elle essaie de sortir des horizons bien connus du passé ». L'embarras qu'il signalait si judicieusement alors subsiste encore aujourd'hui, lorsqu'on s'efforce d'apprécier les événements qui le préoccupaient. Nous distinguons mal ceux qui sont purement accidentels de ceux qui révèlent des tendances profondes, et ces tendances même, si nous pouvons à la rigueur les entrevoir, nous n'en mesurons qu'imparfaitement la force réelle et la portée. L'avenir seul aura qualité pour justifier ou pour infirmer en partie les opinions et les prévisions que nous venons de rappeler. Mais nous pouvons dire, en tout cas, qu'elles témoignent bien vivement de l'aspect sous lequel la situation de l'Europe et de la France en particulier se présentait, il y a vingt ou vingt-cinq ans, sous l'influence d'idées traditionnelles, à un esprit aussi sincère que réfléchi et bien informé.

IV

Ce « domaine des faits accomplis qui est proprement celui de l'histoire », M. Legrelle y entra définitivement par son ouvrage sur *Louis XIV et Strasbourg*. C'est en le composant qu'il devint maître de sa méthode. Elle se fit, pour ainsi dire, entre ses mains, à mesure que son travail croissait ; et cela nous oblige à dire quelques mots de cette croissance.

L'ouvrage parut pour la première fois, à l'état d'ébauche en quelque sorte, dans une « brochure d'essai », éditée en Belgique, dès 1878. L'intention apologétique y prédominait. Deux cents ans après l'annexion de Strasbourg par Louis XIV, l'auteur avait voulu « laver l'honneur de la France des récriminations si opiniâtrement propagées contre lui ». Il s'attachait surtout à deux points : au traité de Westphalie, dont il lui semblait qu'on restreignait à tort la portée en ce qui concernait les droits attribués à notre pays ; et aux faits de corruption imputés à Louvois, dont il faisait ressortir l'invraisemblance. Mais, bientôt, il sentait ce qu'avait d'un peu étroit « ce cadre plus juridique qu'historique » (4e éd., Av.-propos, p. 12). Et, dans une seconde édition, publiée en 1881, il l'élargissait déjà singulièrement, en essayant de « pénétrer les vrais sentiments des Strasbourgeois en présence des progrès accomplis au jour le jour par la domination française » (Ibid.). Cela revient à dire que, sans rien sacrifier de l'idée fondamentale, l'histoire prenait de plus en plus le pas sur le plaidoyer. Mais le progrès décisif, à cet égard, fut réalisé en vue de la troisième édition, qui parut en 1883 ; la quatrième et dernière, publiée en 1884, n'en diffère que par quelques additions peu nombreuses. Ce que l'auteur fit de 1881 à 1883, ce fut de reprendre tout son travail sur les documents originaux. Il se mit alors à scruter les archives des Affaires étrangères, qui lui avaient été ouvertes par le duc Decazes, la correspondance de Louvois, conservée au dépôt de la Guerre, divers manuscrits et documents de la Bibliothèque nationale et des Archives. En même temps, il contrôlait ou complétait ces pièces à l'aide de l'inventaire des Archives de Strasbourg et des renseignements qu'il se faisait donner par plusieurs érudits alsaciens, parmi lesquels il faut nommer M. Rodolphe Reuss, ancien bibliothécaire de Strasbourg. Enfin, pour ne rien laisser échapper, il allait consulter à Berne les papiers de Bongars et, à la Bibliothèque royale de Bruxelles, une chronique strasbourgeoise qu'il y avait découverte. Ne reculant devant aucune difficulté, il tenait à s'assurer, à Moscou même, que les Archives de l'Empire ne pouvaient lui fournir aucun renseignement complémentaire. Le scrupule de l'information exacte et complète devenait dès lors, on le voit assez, si puissant en lui qu'il lui était impossible de se tenir pour satisfait tant qu'il n'avait pas épuisé toutes les recherches.

Aussi l'ouvrage, tel qu'il est dans l'édition de 1884, s'est-il acquis une estime qui, loin de décroître avec le temps, semble plutôt destinée à augmenter. En réalité, il donne plus même que ne promet le titre. Car, si les relations de Louis XIV avec Strasbourg remplissent sept chapitres sur les neuf dont il se compose, le premier chapitre expose les antécédents lointains de la question depuis les origines de la ville, tandis que le dernier retrace les progrès de l'influence française après l'annexion jusqu'à la fin du premier empire. On a là, en somme, une histoire complète des rapports de Strasbourg avec la France. Et il est certain que l'affaire de l'annexion se laisse bien plus sûrement juger, quand elle apparaît ainsi comme une simple phase d'une longue évolution historique. Au reste, c'est un des mérites de cet excellent livre que de mettre chaque chose à son vrai point de vue. L'auteur y réussit, en véritable historien, moins par des discussions, toujours sujettes à des contradictions, que par la mise en valeur des documents originaux. On suit, en le lisant, la politique de Louis XIV, d'année en année, et presque de jour en jour ;

on sent les nécessités qui la dominent, on en apprécie les ménagements et la patience, on saisit sur le fait le mélange d'habileté et d'énergie qui la caractérisent. Et, d'autre part, on aperçoit clairement les voies tortueuses de l'Empire et de l'Autriche, leur désir de réserver l'avenir alors même qu'ils sont obligés de céder provisoirement, leurs pratiques secrètes et les subtilités de leurs jurisconsultes. Enfin, ce qui ressort surtout, c'est l'étrange conduite de la république de Strasbourg, ou plutôt de l'oligarchie bourgeoise qui la gouvernait, petit Etat inquiet et soumis à diverses influences, qui croyait pouvoir par la dissimulation sauver son autonomie dans le conflit de ses puissants voisins, et qui la perdit enfin, soit par la force des choses, soit par son impuissance à pratiquer une véritable neutralité. Ce tableau complexe donne l'impression de la réalité même. L'historien semble n'avoir rien fait pour imposer ses vues personnelles, tant il s'attache à mettre directement son lecteur en présence des hommes et des choses. Et pourtant ses vues s'imposent d'elles-mêmes, parce qu'elles sont l'expression simple de la vérité.

Cette belle œuvre marque un moment décisif dans la vie littéraire de M. Legrelle. Elle lui avait révélé à lui-même ce qu'il pouvait faire comme historien ; et, d'autre part, en l'initiant par une étude précise à la diplomatie de Louis XIV, elle ouvrait un champ étendu à son activité. L'admiration qu'il avait pour la vieille France monarchique avait dû être satisfaite par l'exploration qu'il venait de faire dans son passé. Il s'y était donné à lui-même le spectacle d'une politique qui sait ce qu'elle veut, qui connait les difficultés et les ressources, qui s'appuie sur la tradition et qui la continue, qui est dirigée par une volonté ferme et servie par des intelligences lucides et pratiques. Cette fine et solide diplomatie, qui a fait la France, lui plaisait autant par ses qualités que par ses résultats. Il aimait, d'esprit et de cœur, ces bons ouvriers de la grandeur nationale, et il se plaisait à les voir à l'œuvre, parce qu'il sentait en eux, avec le désir du bien public, les meilleures aptitudes de notre race.

Ce fut probablement ce sentiment qui poussa M. Legrelle, peu de temps après, à entreprendre le grand travail qui devait être son principal titre d'honneur. Ses visites fréquentes aux divers dépôts d'archives diplomatiques l'avaient mis en relations avec M. Chéruel, le savant et consciencieux historien de la Fronde. En échangeant leurs vues sur les questions qui leur étaient familières à tous deux, ils s'étaient trouvés d'accord no tamment sur une idée que M. Chéruel a exprimée ainsi en tête de son *Etude sur la ligue ou alliance du Rhin* (Paris, 1884, p. 3) : « La politique extérieure de Louis XIV, pendant son gouvernement personnel, a eu pour principal but le développement des deux traités de Westphalie et des Pyrénées». L'étude de ce développement aboutissait naturellement à la grosse affaire de la succession d'Espagne. Il parut à M. Legrelle qu'il n'y en avait pas de plus importante à éclairer au moyen des ressources qu'offraient les archives des Affaires étrangères, devenues enfin accessibles aux chercheurs. Et il se dévoua dès lors à cette œuvre, qui devait absorber les dernières années de sa vie. Pendant quinze ans environ, de 1884 à 1899, on peut dire qu'il s'y est donné tout entier. Il a réussi par là, peut-être aux dépens de sa santé, à élever ce monument d'érudition qui s'appelle *La diplomatie française et la succession d'Espagne.*

L'ouvrage, dans la première édition, qui parut de 1888 à 1892, formait quatre gros volumes ; dans la seconde édition qui commença à paraître en 1895 et que l'auteur achevait de revoir lorsqu'il mourut, en octobre 1899, elle en comprend six. L'objet qu'il s'était proposé explique cet accroissement considérable. Il ne s'agissait pas en effet pour lui de présenter au public l'exposé plus ou moins brillant, mais toujours contestable, d'une question historique. Ce qu'il voulait, c'était d'analyser aussi exactement que possible la longue série de négociations qui avaient commencé au traité des Pyrénées, en 1659, à propos du mariage de Louis XIV, et qui s'étaient prolongées, non seulement à travers tout son règne jusqu'à la paix d'Utrecht en 1713, mais au delà encore, jusqu'aux stipulations de la quadruple alliance de 1725, par lesquelles, comme il l'écrivait, « la liquidation de la succession espagnole était enfin parachevée ». Ces négociations, il voulait les faire connaître en détail, par un choix judicieux d'extraits empruntés aux pièces authentiques. Il fallait donc rechercher partout ces pièces, dans les dépôts de France, d'Espagne, d'Italie, d'Autriche, d'Angleterre, de Belgique, de Hollande, d'Allemagne ; et il était impossible, quelle que fût son activité, qu'une première récolte lui mît en mains tout ce qu'il était utile de publier.

Il se plaisait, lorsqu'il parlait de cet ouvrage, à s'effacer modestement derrière ses documents, comme si son rôle n'eût consisté qu'à les aller chercher, à les lire et à les rassembler. Certes, quand même cela eût été exact, il y aurait encore lieu de rendre hommage au zèle et à la conscience de ces recherches, animées par un très haut sentiment de patriotisme. Mais, en réalité, il avait fait là une œuvre vraiment personnelle, qui exigeait un ensemble de rares qualités. Car, pour choisir une à une ces pièces entre tant d'autres, pour les rapporter chacune à leur date précise et aux circonstances quelquefois minimes qui les expliquent, pour en former ensuite un tissu serré et pour les lier sûrement les unes aux autres, il fallait une merveilleuse connaissance des grandes et des petites choses de l'histoire du temps, une mémoire toujours prête aux rapprochements, une intelligence très fine de ce qu'on dit et de ce qu'on ne dit pas, des dehors et des dessous de la diplomatie. D'ailleurs, l'auteur ne se contentait pas de mettre en ordre des documents : il en faisait la critique à mesure qu'il les citait, il les contrôlait les uns par les autres, il les expliquait et en montrait la portée exacte. Si l'histoire, ainsi conçue, reste toujours sévère, si elle n'a pas l'agrément des récits anecdotiques ou pittoresques, elle a en revanche un charme de vérité, d'information exacte et complète, qui se fait sentir bien vite à quiconque cherche dans la lecture une instruction solide. C'est un véritable plaisir que de se sentir guidé, dans le dédale des intérêts en conflit et des calculs contraires, par un homme qui les connait comme le mieux informé des contemporains et qui les juge pourtant avec l'indépendance et la sûreté d'appréciation que donne l'éloignement. Il y a tel chapitre, — par exemple celui qui est relatif à l'acceptation du testament de Charles II par Louis XIV (tome IV), — auquel la simple vérité donne même un intérêt dramatique. En renonçant volontairement à tout effet littéraire, en laissant parler les choses elles-mêmes, M. Legrelle a su tirer, là et ailleurs, du fond des évènements et de l'âme des personnages en scène, je ne sais quoi qui attache et qui captive, à la fois par la réflexion et par l'émotion.

Par ce grand ouvrage, il a pris rang, d'une manière définitive, entre les témoins et les juges autorisés qu'on ne peut plus se dispenser de consulter, lorsqu'on veut étudier cette partie de notre histoire. Sa première édition est devenue classique pour les érudits. La seconde, plus complète, leur sera malheureusement moins accessible. Car les premiers volumes, encore en dépôt chez l'imprimeur, y ont été détruits par un incendie, peu de mois avant la mort de l'auteur, qui eut ainsi la douleur de voir périr en partie le fruit d'un immense travail. Un petit nombre d'exemplaires seulement mis en réserve et destinés à nos principales bibliothèques, permettront d'apprécier l'état définitif de ses recherches. Le dernier volume était en cours d'impression quand ce désastre eut lieu, et il y a ainsi échappé.

En composant cette ample et savante étude, M. Legrelle avait vraiment achevé le développement de ses qualités d'historien. Toutefois, à côté de cette forme essentiellement diplomatique de l'histoire, il en concevait une autre, non moins précise assurément, mais plus variée, et il avait commencé à réaliser ce qu'il concevait dans une œuvre qu'il n'a pas eu le temps d'achever.

Profondément attaché par ses souvenirs d'enfance et par ses affections de famille à sa province natale, il avait repris, à partir de 1876, l'habitude d'y faire chaque année des séjours prolongés, dans une maison de campagne située à Pont de l'Arche et qu'il avait eue par héritage. Ces séjours furent pour lui l'occasion de fréquentes visites à Rouen. Il y retrouva d'anciens amis, qui le firent entrer dans les sociétés littéraires du pays. Et, peu à peu, soit par goût naturel, soit en cédant à leurs instances, il se mit à étudier divers points de l'histoire de la Normandie. Ce fut pour lui l'occasion d'écrire un certain nombre de monographies, qui parurent pour la plupart dans une revue locale, *La Normandie*. Ainsi lui vint l'idée de composer une histoire d'ensemble de sa province. Dès qu'il en eut arrêté le projet, il en prépara l'exécution, avec l'activité méthodique et consciencieuse qu'il portait en toute chose. Exploration détaillée du pays, visite de ses monuments, étude approfondie de sa configuration, recherches à travers les archives ou les livres, autant de tâches qu'il se mit à mener de front. L'histoire qu'il voulait écrire devait en effet embrasser la vie complète de la Normandie sous tous ses aspects, sans oublier ni la littérature, ni les sciences, ni les arts.

Lorsqu'il en eut à peu près réuni les matériaux, il en forma le plan, distribuant en treize chapitres son large exposé, qui allait des origines jusqu'à la fin du XVIIIe siècle. Puis, il se mit à l'œuvre, bien que sa santé fût déjà atteinte ; et, grâce à sa puissance de travail, il put en rédiger d'importantes parties. Les chapitres sur les origines, sur le gouvernement des ducs, sur les conquêtes normandes, sur les découvertes maritimes et les colonies, sur la guerre de cent ans, sur les lettres, les sciences et les arts au XVIIe et au XVIIIe siècle, sur la monarchie absolue, furent peu à près achevés et pourront sans doute être publiés. D'autres, sur les débuts de la domination française, sur les lettres, les sciences et les arts au moyen âge, sur la Renaissance, sur la Réforme, sur l'organisation administrative et provinciale sont malheureusement demeurés plus ou moins incomplets, quelques-uns même n'ont été qu'ébauchés.

Les parties de cet ouvrage qui ont été terminées permettraient de dire, si cela était nécessaire, quelle en eût été la valeur. Elles font regretter vivement qu'il n'ait pu être complété. M. Legrelle se serait montré là aussi exact, aussi bien informé, aussi judicieux, aussi habile à ordonner un grand ensemble qu'il l'avait été déjà précédemment, mais, en outre, il aurait eu, grâce à la variété naturelle du sujet, une occasion excellente de mettre à profit la diversité de ses aptitudes et de ses connaissances. Et enfin, son érudition et son goût y auraient été certainement vivifiés à un degré nouveau par les sentiments qui l'attachaient à son pays natal. D'ailleurs, dans l'histoire d'une province, il aurait montré à coup sûr, sous un aspect très propre à faire penser ses lecteurs, l'histoire de la France elle-même, considérée dans sa formation territoriale et nationale, dans son organisation progressive, dans les échanges d'idées qui ont eu lieu entre les races superposées sur son territoire, échanges qui l'ont faite ce qu'elle est. Il n'y avait pas de plus beau sujet pour cet esprit réfléchi, qu'inspirait un patriotisme profond.

V

Ces grandes publications, les unes achevées, mais sans cesse reprises et augmentées, les autres préparées, étaient loin de remplir toute la vie de M. Legrelle dans ses dernières années.

En 1871, après la Commune, il avait renoncé au séjour de Paris et s'était fixé à Versailles. Marié en 1876, il vivait volontiers dans son intérieur, où il trouvait, avec le calme nécessaire à ses travaux, toutes les satisfactions du cœur et de l'esprit. Il y goûtait la joie profonde qui résulte de la communauté des idées et des sentiments, d'une association intime et complète, qui ne laisse pour ainsi dire en dehors d'elle-même rien de ce qui en vaut la peine dans la vie. Cinq enfants étaient nés de son mariage ; l'aîné lui fut enlevé en bas âge ; les quatre autres grandissaient auprès de leur père et de leur mère, sous ces deux influences naturelles, qui n'en faisaient vraiment qu'une seule. Paisible et charmante, la maison qu'il avait longtemps cherchée et qu'il avait enfin choisie, n'avait rien de sévère. Elle lui assurait le silence et la tranquillité, mais elle y mêlait des impressions aimables. D'ordinaire, il se tenait dans son cabinet de travail, spacieux et bien éclairé, où il pouvait étaler à l'aise ses livres et ses manuscrits ; parfois, en été, il lisait ou écrivait dans son jardin, à l'ombre de ses arbres. Et il savait aussi s'interrompre, pour accueillir avec son affabilité naturelle ses visiteurs et ses amis. C'était un vif plaisir que de causer avec cet homme excellent et distingué, qui avait beaucoup lu et beaucoup retenu, et chez qui l'originalité native de l'esprit restait entière sous le savoir. Un enjouement aimable tempérait son sérieux ; et l'indépendance de son jugement, qui était absolue malgré son penchant à la bienveillance, donnait un agrément vif et piquant à ses appréciations. On écoutait toujours avec profit sa parole douce et facile, qui ne cherchait jamais ni l'esprit ni les mots à effet, mais qui était, en réalité, par un don de nature, à la fois spirituelle, gracieuse et finement sensée.

Même dans cette dernière période de sa vie, relativement sédentaire, M. Legrelle n'avait pas renoncé aux voyages. Ses recherches historiques l'obligeaient parfois à des déplacements dont il ne s'effrayait jamais. Il lui semblait tout naturel d'aller chercher un renseignement à Madrid, à Londres, à Bruxelles ou à Turin, si ce renseignement en valait la peine, ou même s'il était simplement possible qu'il en valût la peine. D'ailleurs, outre sa vocation d'historien, il avait un goût très vif pour l'étude de la nature. La botanique, en particulier, l'intéressait vivement ; et, en fait, s'il ne voulait accepter, en matière de science, que le titre d'amateur, ceux qui le connaissaient savaient bien que ce titre dissimulait, dans ce cas particulier, un savoir sérieux et sans cesse accru. Membre de la Société botanique de France, il prenait part, chaque été, à ses excursions, quelque lointaines qu'elles fussent. La Provence, le Languedoc, les Corbières, les Pyrénées l'attiraient aussi bien que les régions plus voisines du Centre ou du Nord. Ceux qui ont eu le plaisir de le rencontrer dans quelques-unes de ces explorations peuvent dire combien on y goûtait le charme de sa société. Il en a lui-même fixé le souvenir dans des pages variées, où il ne dédaigne pas de raconter à l'occasion, soit en prose, soit même en vers, les incidents et les mésaventures qui se mêlaient parfois à ces libres courses à travers les buissons.

Cette vie, si bien ordonnée et en somme si vraiment heureuse, fut doublement attristée dans sa fin. Doué d'une constitution robuste, M. Legrelle n'avait peut-être pas assez senti le besoin de se mettre en garde contre les excès du travail. Les longues séances d'immobilité et d'attention ont aussi leurs dangers. Vers l'âge de soixante ans, sa santé déclina. Il traversa une ou deux crises de faiblesse, dont il sortit avec difficulté. Il continuait pourtant ses travaux, tant que cela lui était possible ; mais il se sentait atteint. En 1899, dans sa soixante-cinquième année, les mêmes symptômes reparurent et s'aggravèrent assez rapidement. L'été de cette année fut le premier où il lui fut impossible de tenter ni voyage ni excursion. En même temps, une grande douleur le frappait au cœur. Son fils aîné, étudiant en médecine, en qui se manifestait déjà comme par héritage le sérieux de l'esprit associé aux meilleures qualités morales, lui était enlevé en quelques mois par un mal qu'il avait été impossible d'enrayer. Cette immense affliction acheva d'anéantir en lui les forces de la vie. Il s'éteignit doucement, huit jours après son fils, le 11 octobre 1899, conservant d'ailleurs jusqu'à la fin une sérénité que le plus cruel chagrin même n'avait pu détruire, et mettant sa confiance en des espérances religieuses qu'il n'avait cessé de tenir pour certaines.

Le souvenir du savant, de l'historien remarquable, vivra naturellement par les ouvrages auxquels il est attaché. Quant à cette simple notice, elle aura atteint son but, si elle peut conserver aussi l'image de l'homme excellent, si profondément digne d'estime et d'affection, dont la vie, fière et droite, tout éclairée d'une belle lumière d'idéal, mérite de demeurer comme un exemple.

MAURICE CROISET.

NOTE BIBLIOGRAPHIQUE

1854 — Eloge d'Adrien Turnèbe, couronné par l'Académie des Sciences, Belles-Lettres et Arts de Rouen (inédit).

1855 — Mémoire sur la vie et les ouvrages de Bernard Palissy, couronné par la Société d'Agriculture, Sciences et Arts d'Agen (inédit).

1856 — Notice sur Houdon (en collaboration avec M. Delerot), couronnée par la Société des Sciences morales, des Lettres et des Arts de Seine-et-Oise, publiée dans les Mémoires de la Société.

1857 — Notice biographique et littéraire sur Berquin, couronnée par l'Académie des Sciences, Belles-Lettres et Arts de Bordeaux (inédite).

1857 — De l'Influence de la littérature contemporaine sur les mœurs, en France, considérée surtout au Théâtre et dans le roman. — Mémoire présenté au concours de l'Académie des Sciences morales et politiques, et ayant obtenu un accessit (inédit).

1864 — Holberg, considéré comme imitateur de Molière. (Thèse de Doctorat ès-lettres). — Paris. Hachette, 1864, in-8°.

1864 — De celeberrimâ apud Germanos fabulâ quæ inscribitur Iphigenia Taurica. (Thèse latine de Doctorat-ès-lettres.) — Versailles. Aubert, 1864, in-8°.

1866 — A travers la Saxe. Souvenirs et Etudes. — Paris. Hachette, 1866, in-12.

1868 — Marcus Ulpius Trajan. Scènes romaines. — Paris. Meyrueis, 1868, in-12.

1870 — Iphigénie en Tauride, de Gœthe, traduite en français et précédée d'une Etude. — Paris. Meyrueis, 1870, in-12.

1871 — Qu'est Paris en France? absolument tout. Que devrait-il être? infiniment moins. (par Jacques Bonhomme, Electeur rural). — Versailles, Bernard. — Rouen, le Brument, 1871. Broch. in-16.

1871 — La France et la Prusse devant l'Histoire. Essai sur les causes de la guerre. — Bruxelles. Office de publicité Lebègue et Cie, 1871, in-12.

1871 — La France et la Prusse devant l'Histoire. Essai sur les causes de la guerre. (Deuxième édition corrigée et augmentée.) — Versailles, Le Hâvre, Rouen, Bruxelles, Copenhague, 1871, in-12.

1872 — La Prusse et la France devant l'Histoire. Essai sur les causes de la guerre. (Troisième édition.) — Paris. Sandoz et Fischbacher, 1872, in-18.

1874 — La Prusse et la France devant l'Histoire. Essai sur les causes de la guerre. (Quatrième édition). — Paris. Amyot, 1874, in-8°.

1875 — La Prusse et la France devant l'Histoire. Essai sur les conséquences de la guerre. (Quatrième édition.) — Paris. Amyot, 1875, in-8°.

1877 — Le Volga. Notes sur la Russie. — Paris. Hachette, 1877, in-12.

1878 — Louis XIV et Strasbourg, d'après des documents officiels et inédits. — Gand. Librairie Snœck-Ducaju, 1878, in-8°.

1880 — La Prusse et la France devant l'Histoire. Essai sur les conséquences de la guerre de 1870-1871. (Nouvelle édition revue et augmentée.) — Paris. Cotillon, 1880, in-8°.

1881 — Louis XIV et Strasbourg. Essai sur la réunion de Strasbourg à la France, d'après des documents officiels et inédits. (Nouvelle édition). — Paris. Hachette, 1881, in-8°.

1882 — Chefs-d'œuvre du Théâtre russe : Le Tzare Borise. Tragédie en cinq actes et en vers, par le Comte A. K. Tolstoï. — Gand. Imprimerie Dullé-Plus, 1882, in-16.

1883 — Louis XIV et Strasbourg. Essai sur la politique de la France en Alsace, d'après des documents officiels et inédits. (Troisième édition corrigée et augmentée.) — Paris. Hachette, 1883, in-8°.

1884 — Chefs-d'œuvre du Théâtre russe : Le Malheur d'avoir de l'esprit (goré ote ouma), comédie en quatre actes et en vers, par A. S. Griboiédove. — Gand. Imprimerie Dullé-Plus, 1884, in-16.

1884 — Louis XIV et Strasbourg. Essai sur la politique de la France en Alsace, d'après des documents officiels et inédits. (Quatrième édition, corrigée et augmentée, avec un appendice et une carte.) — Paris. Hachette, 1884, in-8°.

1885 — Karamzine. Voyage en France, 1789-1790. — Paris. Hachette, 1885, in-12.

1885 — Chefs-d'œuvre du Théâtre russe : L'Orage, drame en cinq actes et en prose, par A. N. Ostrovskii. — Gand. Imprimerie Dullé-Plus, 1885, in-16.

1886 — Chefs-d'œuvre du Théâtre russe : La Chicane (Iabiéda), comédie en cinq actes et en vers, par V. V. Kapniste. — Gand. Imprimerie Dullé-Plus, 1886, in-16.

1888 — Chefs-d'œuvre du Théâtre russe : O Temps ! (O Vremia !), comédie en trois actes, par Catherine II. — Gand. Imprimerie Dullé-Plus, 1888, in-16.

1888-1892 — La diplomatie française et la Succession d'Espagne : tome I, le premier traité de partage 1659-1697 — tome II, le 2e traité de partage 1697-1699 — tome III, le 3e traité de partage 1699-1700 — tome IV, la Solution. — Gand. imprimerie Dullé-Plus (1888, 1889, 1890, 1892), 4 volumes in-8°.

1892 — L'acceptation du testament de Charles II roi d'Espagne, par Louis XIV. (Extrait de l'ouvrage : la diplomatie française et la succession d'Espagne.) — Gand. Imprimerie Dullé-Plus, in-8°.

1893 — Une négociation inconnue entre Berwick et Marlborough, 1708-1709. — Paris. Pichon, 1893, in-8°.

1893 — Le Régiment de Normandie pendant la guerre de la Succession d'Espagne. — Rouen. Augé et Borel, 1893, in-8°.

1893 — Les Conférences secrètes de Diessenhofen et Steckborn (1694). — Paris. Pichon, 1893, in-8°.

1894 — Les Assemblées de la Noblesse en Normandie, 1658-1659 (publié dans les *Mélanges de la Société de l'histoire de Normandie*, 4e série).

1894 — La Mission de M. de Rébenac à Madrid et la mort de Marie-Louise, reine d'Espagne (1688-1689). — Paris. Pichon, 1894, in-8°.

1894 — Notes et Documents sur la Paix de Ryswick. — Lille. Imprimerie Desclée, de Brouwer et Cie, 1894, in-8°.

1894 — Le Siège de Corbie, pièce en cinq actes et en vers. — Rouen. Imprimerie Cagnard, 1894, in-12.

1894 — Pont de l'Arche, (notice historique publiée dans *la Normandie*). — Rouen. Imprimerie Lecourt, 1894, in-8°.

1895 — D'Esnambuc et ses Descendants aux Antilles, (notice historique publiée dans *la Normandie*). — Rouen. Imp. Lecourt, 1895, in-8°.

1896 — Le chevalier de Grémonville, (notice publiée dans *la Normandie*). — Rouen. Imp. Lecourt, 1896, in-8°.

1897 — La révolte des Camisards. — Braine-le-Comte. Imp. Zech et fils, 1897, in-8°.

1897 — L'Europe en 1713 après la guerre de la Succession d'Espagne. Braine-le-Comte. Imp. Zech et fils, 1897, in-8°.

1897 — Notes sur Mesnager (publiées dans *la Normandie*). — Rouen. Imp. Lecourt, 1897, in-8°.

1899 — Saint-Amant (notice publiée dans *la Normandie*). — Rouen. Imp. Lecourt, 1899, in-8°.

1895-1900 — La diplomatie française et la Succession d'Espagne. — Seconde édition, revue, augmentée, accompagnée d'un Appendice et d'un Index. — Tome I. Le premier traité de partage, 1659-1697. — tome II. Le deuxième traité de partage, 1697-1699. — tome III. Le troisième traité de partage, 1699-1700.— tome IV. La Crise, 1701-1702. — tome V. La Guerre, 1701-1710. — tome VI. La Paix, 1710-1725. — Braine-le-Comte. Zech et fils, 1895-1900. 6 vol. in-8°.

Collaboration à la *Revue de l'instruction publique* (1857-1863), au *Courrier du Dimanche*, à la *Revue Contemporaine* (1858-1870), à la *Revue Européenne* (1860-1861), à la *Normandie littéraire* (1894-1899), etc.

www.ingramcontent.com/pod-product-compliance
Lightning Source LLC
LaVergne TN
LVHW052014160826
845678LV00003B/1061

9782329656984